JUAN

TOMÁS

PABLO

LUCÍA

MARÍA

CARMEN

MOTA

ABUELO

ABUELA

MADRE

PADRE

HERMANO

TÍO

TÍA

PRIMA

PRIMERO/A

SEGUNDO/A

TERCERO/A

CUARTO/A

QUINTO/A

SEXTO/A

SÉPTIMO/A

OCTAVO/A

NOVENO/A

DÉCIMO/A

TOCAR LA GUITARRA

LEER UN CÓMIC

JUGAR AL BALONCESTO

MONTAR EN BICI

DIBUJAR

MONTAR EN MONOPATÍN

JUGAR AL FÚTBOL

LEVANTARSE

DUCHARSE

LAVARSE LOS DIENTES

VESTIRSE

DESAYUNAR

SACAR AL PERRO

HACER LA CAMA

IR AL COLEGIO

VOLVER
A CASA

COMER

ORDENAR LA
HABITACIÓN

HACER LOS
DEBERES

MERENDAR

IR AL PARQUE

CENAR

ACOSTARSE

PAN

PLATO

VASO

SERVILLETA

CUCHILLO

TENEDOR

CUCHARA

ENSALADA

LENTEJAS

PASTA

PESCADO

ZANAHORIAS

GUISANTES

CARNE

PATATAS FRITAS

PERAS

PLÁTANOS

HAMBURGUESA

VINAGRE

ACEITE

SAL

PIMIENTA

LECHE

ZUMO DE NARANJA

CERALES

IGLESIA

FARMACIA

PANADERÍA

PAPELERÍA

LIBRERÍA

TIENDA

COMISARÍA

CENTRO COMERCIAL

CALLE

PLAZA

GIRA A LA DERECHA

GIRA A LA IZQUIERDA

SIGUE RECTO

CRUZA (LA CALLE)

CIEN

DOSCIENTOS

TRESCIENTOS

CUATROCIENTOS

QUINIENTOS

SEISCIENTOS

SETECIENTOS

OCHOCIENTOS

NOVECIENTOS

MIL

HACER ATLETISMO (CORRER)

HACER NATACIÓN (NADAR)

HACER GIMNASIA

IR AL CAMPO

IR AL TEATRO

IR A LA PLAYA

IR AL CINE

BAILAR

JUGAR A LAS CARTAS

JUGAR A LOS VIDEOJUEGOS

JUGAR AL TENIS

JUGAR AL BALONMANO

TIGRE

LEÓN

JIRAFA

ELEFANTE

CAMELLO

COCODRILO

BALLENA

DELFÍN

ARDILLA

CIGÜEÑA

PINGÜINO

ANDANDO

NADANDO

CORRIENDO

COMIENDO

BEBIENDO

SALTANDO

VOLANDO

GRANDE

PEQUEÑO/A

ALTO/A

BAJO/A

FUERTE

DÉBIL

RÁPIDO/A

LARGO/A

LENTO/A

BOLSAS

BOTELLAS

CAJAS

LATAS

PAPEL

PERIÓDICOS

ENVASES

PLÁSTICO

BASURA

VIDRIO

APAGAR
LA LUZ

RECICLAR

AHORRAR AGUA
Y ENERGÍA

CERRAR EL
GRIFO

CONTENEDOR
AMARILLO

CONTENEDOR
VERDE

Material fotocopiable

CONTENEDOR AZUL

PASEÉ

ME QUEDÉ

ESTUDIÉ

HABLÉ

JUGUÉ

ESCUCHÉ

ESCRIBÍ

COMPRÉ

CHATEÉ

PINTÉ

COMÍ

TRABAJÉ

HICE

FUI

ESTUVE

TUVE

MIL

DOS MIL

TRES MIL

CUATRO MIL

CINCO MIL

SEIS MIL

SIETE MIL

OCHO MIL

NUEVE MIL

PLAYA

ARENA

MAR

ROCA

VALLE

MONTAÑA

PICO

LAGO

BOSQUE

ÁRBOLES

RÍO

SELVA

PLANTAS

DESIERTO

OASIS

Clan 7 con ¡Hola, amigos! es un curso de español para niños de entre 6 y 12 años, desarrollado por Editorial Edinumen en colaboración con el Instituto Cervantes. Sus siete protagonistas son el hilo conductor de numerosas aventuras que ayudarán a los niños a aprender español eficazmente de manera lúdica y divertida.

Niveles de *Clan 7 con ¡Hola, amigos!*

- **Clan 7 Inicial**

- **Clan 7 con ¡Hola, amigos! 1**
- **Clan 7 con ¡Hola, amigos! 2**

→ **Nivel A1 del MCER**[1]

- **Clan 7 con ¡Hola, amigos! 3**
- **Clan 7 con ¡Hola, amigos! 4**

→ **Nivel A2 del MCER**

[1]Niveles de referencia según el *Marco común europeo de referencia para las lenguas.*

Contenidos de este nivel

Para el alumno

Libro del alumno

- 9 unidades didácticas + 2 de contenido cultural.
- En la ELEteca:
  - los audios de las actividades;
  - el curso interactivo *¡Hola, amigos!*

Cuaderno de actividades

- 9 unidades con actividades lúdicas (colorear, recortar, pegar, unir...) para la consolidación de los contenidos aprendidos.
- Incluye autoadhesivos y Diploma de Español.

Características

- Actividades que desarrollan la competencia lingüística y cultural a través de imágenes alegres y motivadoras.
- Canciones y juegos.
- Cómics para ser leídos y escuchados.
- Actividades para la concienciación intercultural.
- Actividades para la práctica de temas transversales.
- Temas que reflejan la diversidad cultural del mundo hispano.
- Actividades para fomentar la educación en valores.

Cartera de recursos para el profesor

- Libro del profesor (dinámicas, sugerencias, test...) + audios descargables en la ELEteca.
- Tarjetas ilustradas de vocabulario.
- Pósteres.
- Material proyectable y curso interactivo *¡Hola, amigos!* accesible a través de la ELEteca.
- Material del alumno.

Curso interactivo *¡Hola, amigos!*

Dividido en 9 unidades con un extenso material multimedia para el trabajo interactivo de todas las destrezas, incluida la pronunciación.

Un fantástico material interactivo...

- ...como complemento de clase a través de la pizarra digital;
- ...como material lúdico extraescolar para el autoaprendizaje.